Impressum
Verlag: BABADADA GmbH, Nedderfeld 112 , 22529 Hamburg
Geschäftsführer / Verlagsleitung: Harald Hof
Druck: Books on Demand GmbH, In de Tarpen 42, 22848 Norderstedt

Imprint
Publisher: BABADADA GmbH, Nedderfeld 112 , 22529 Hamburg, Germany
Managing Director / Publishing direction: Harald Hof
Print: Books on Demand GmbH, In de Tarpen 42, 22848 Norderstedt

1

學校

duɗal

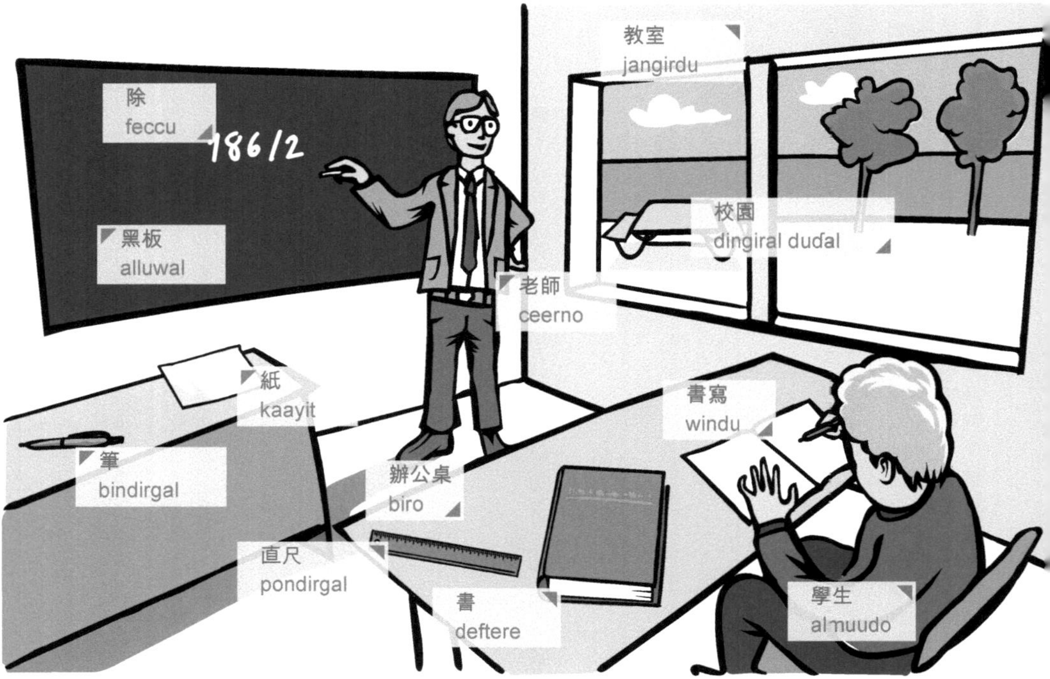

教室
jangirdu
除
feccu
186/2
黑板
alluwal
校園
dingiral duɗal
老師
ceerno
紙
kaayit
書寫
windu
筆
bindirgal
辦公桌
biro
直尺
pondirgal
書
deftere
學生
alɲuudo

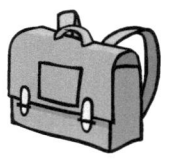

書包

sakosel

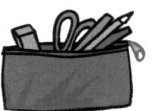

鉛筆盒

suudu kuɗol

鉛筆

kuɗol

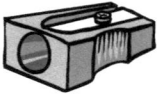

削鉛筆機

ceeɓnoowo kuɗol

橡皮擦

momtirgal

畫板

no‹ku diidirɗo

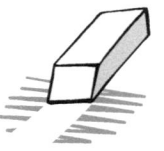

圖畫
diidgol

畫筆
diidirgal

顏料盒
suudu diidordu

剪刀
sisooje

膠水
kol

練習冊
ceftere softinorde

家庭作業
coftinogol

數字
tongoode

加
beydu

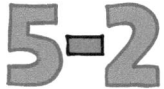

減
ustu

乘
hebbin

計算
lim

字母
bataake

字母表
hijju

字
kongol

課文
windande

讀
jangu

粉筆
bindirgal

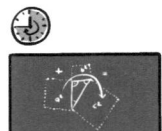

上課
darsu

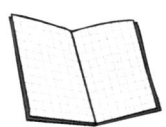

登記
windaade

考試
ÿeewtogol

證書
ijaazi

校服
wutte jaŋirɗo

教育
jaŋde

百科全書
ɗowitorde mawnde

大學
jaaɓi haatirde

顯微鏡
mokoroskop

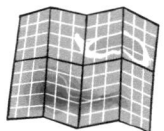

地圖
wertaango

廢紙簍
siwo mbalis

飯店
otel

青年旅社
hoɗirdu

ROOMS

外幣兌換處
nokku beccirɗo

EXCHANGE

手提箱
woliis

汽車
oto

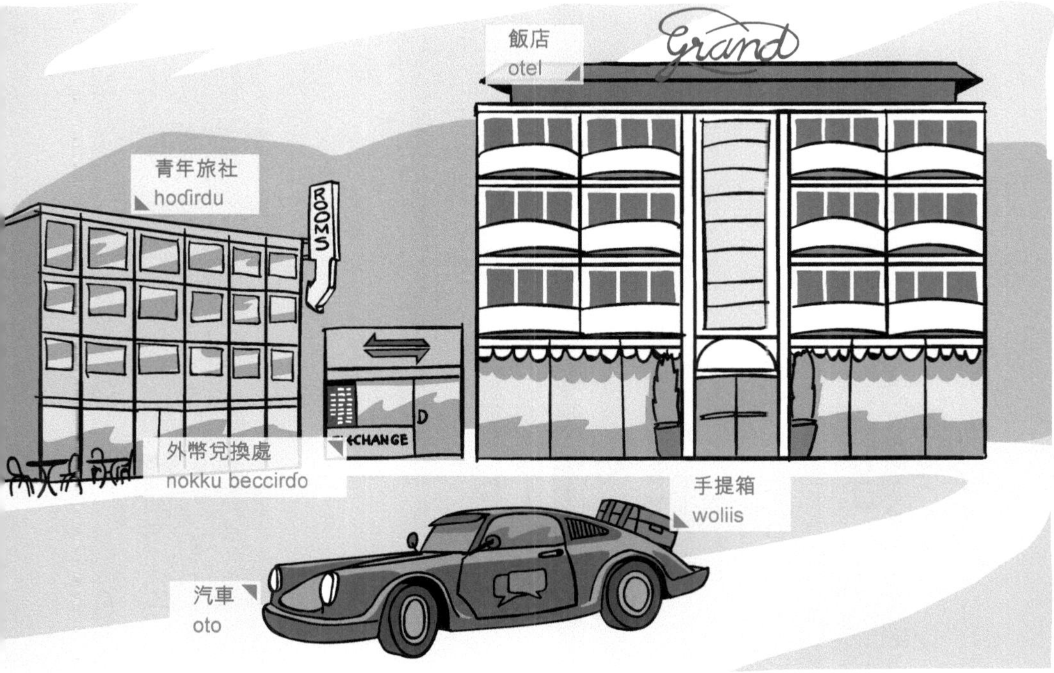

語言
ɗemngal

是/否
ey / ala

好的
Eyyo

您好
mbaɗɗa

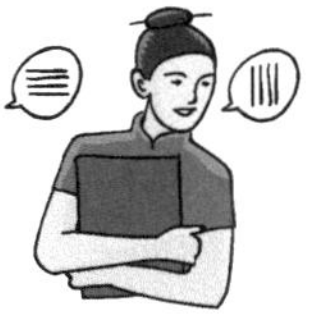

翻譯人員
pirtoowo

謝謝
jaraama

......多少錢？

hono foti...?

我不明白

mi faamaani

問題

satteende

晚上好！

jam hiiri

早上好！

jam waali

晚安！

jam waal

再見

baay baay

方向

ngardiindi

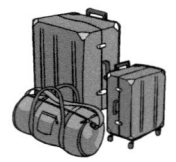

行李

kaake

包

saak

背包

saak bakke

客人

koɗo

房間

suudu

睡袋

saak ɗaanorɗo

帳篷

taanta

旅行資訊

kabaaru jillotooɗo

海灘

palaaz

信用卡

kartal keredii

早餐

kasitaari

午餐

bottaari

晚餐

hiraande

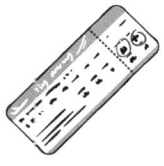

票

tikkett

電梯

suutde

郵票

tembere

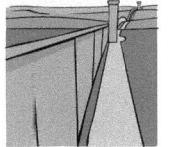

邊界

keerol

海關

soodooɓe

大使館

ambasaat

簽證

wiisa

護照

paaspoor

交通運送

yangarta

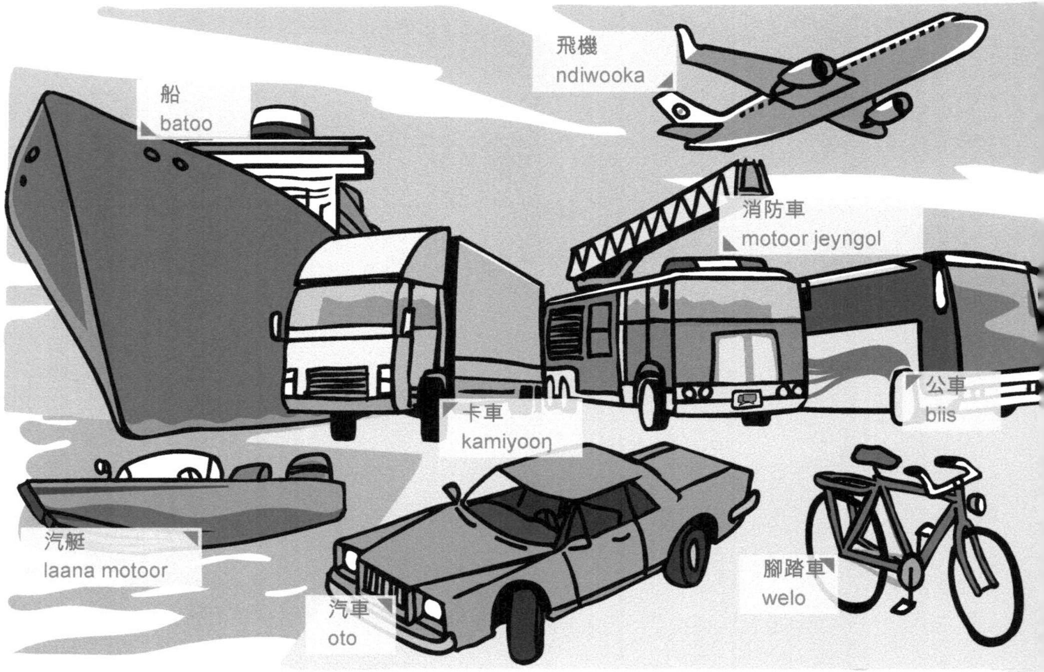
飛機
ndiwooka
船
batoo
消防車
motoor jeyngol
公車
biis
卡車
kamiyooŋ
汽艇
laana motoor
腳踏車
welo
汽車
oto

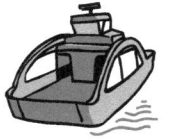

渡輪

baak

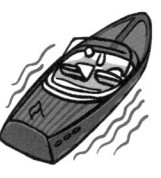

小船

laana

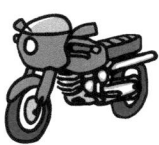

機車

welo motoor

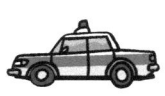

警車

oto poliis

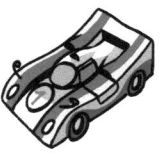

賽車

oto dandu

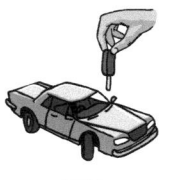

租車

otoluwaaɗo

拼車

rəndude oto

拖車

leŋge

垃圾車

kamiyooŋ salo

馬達

moto

汽油

gaas

加油站

esaaseer

交通標識

maantorde tali

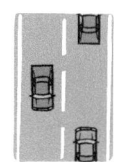

交通

tali

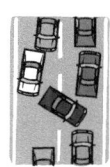

交通堵塞

bittugol tali

停車場

dərnirde oto

火車站

dartorde teree

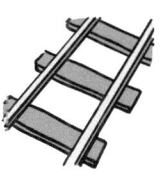

軌道

laabi

火車

teree

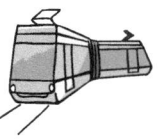

路面電車

taraam

客車廂

nawgol

直升機
elikooteer

機場
aydapoor

塔
huɓeere

乘客
jahoowo

集裝箱
kontaneer

紙板箱
kees

手推車
saret

籃子
siwo

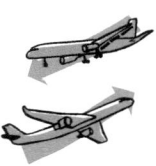

起飛/降落
ciw / tello

城市

wuro

村莊
saare

市中心
hakkunde wuro

房子
galle

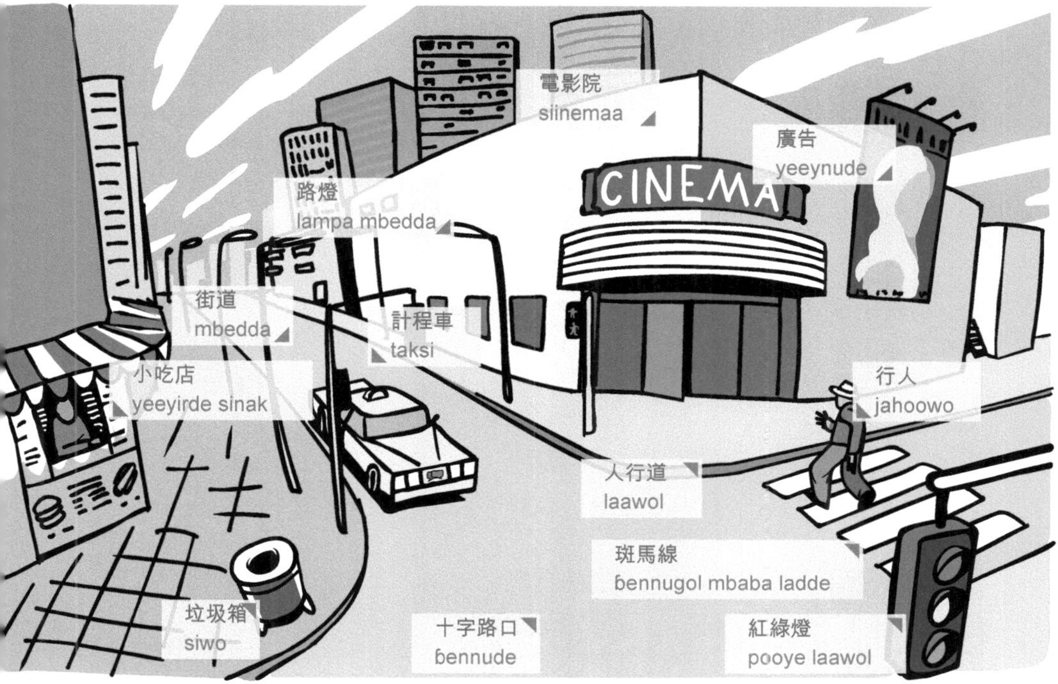

電影院
siinemaa
廣告
yeeynude
CINEMA
路燈
lampa mbedda
街道
mbedda
計程車
taksi
小吃店
yeeyirde sinak
行人
jahoowo
人行道
laawol
斑馬線
ɓennugol mbaba ladde
垃圾箱
siwo
十字路口
ɓennude
紅綠燈
pooye laawol

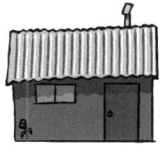

小屋

tiba

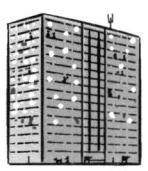

公寓

hoɗorde

火車站

dartorde teree

市政廳

meeri

MUSEUM

博物館

miise

學校

duɗal

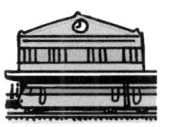

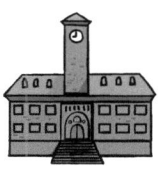

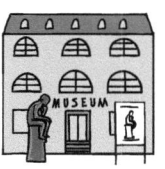

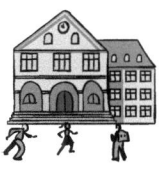

大學

jaaɓi haatirde

銀行

baŋke

醫院

safrirdu

飯店

otel

藥房

farmasii

辦公室

gollorde

書店

yeeyirde defte

商店

yeeyirde

花店

mo nehoowo leɗɗe

超市

duggere

市場

jeere

百貨商店

yeeyirde diiwaan

魚店

mo gawoowo

購物中心

nokku njeeygu

海港

telloorde

公園
parka

長凳
jooɗorde

橋
pooŋ

樓梯
ŋabbirɗe

捷運
les leydi

隧道
laawol les

公車站
dartorde biis

酒吧
baar

餐館
restoraaŋ

郵筒
sɹudu posto

路標
maantorde mbedda

停車計時器
meetorde parka

動物園
nehirde kulle

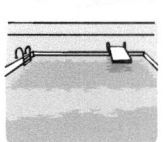

游泳池
pisiin

清真寺
jumaa

農場

ngesa

污染

bonande

墓地

genaale

教堂

ekiliis

操場

dingiral

寺廟

tempele

地形

satto

樹葉
ɗerewol

指示牌
maantogal

路
laawol

草地
paraad

石頭
haayre

樹
lekki

徒步旅行者
diwoowo

河
caangol

草
hudo

花
baramlefol

峽谷

fongo

丘陵

tiwaande

湖

weendu

森林

dundu

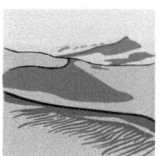

沙漠

ladde

火山

wolkaaŋ

城堡

hoɗorde

彩虹

timtimol

蘑菇

wiiduru gaynaako

棕櫚樹

lekki koko

蚊子

ɓongu

蒼蠅

diw

螞蟻

ñuuñu

蜜蜂

ñaaku

蜘蛛

njabala

甲蟲

karaab

青蛙

paaɓa

松鼠

jiire

刺蝟

nguru paaɓa

野兔

wojere

貓頭鷹

hooweere

鳥

ndiwri

天鵝

kankaleewal

野豬

fowru

鹿

lella

麋鹿

kooba

水壩

baaraas

風力發電機

seɗa hendu

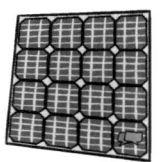

太陽能電池板

mbeɗu naange

氣候

kilimaaŋ

服務生
carwoowo

菜譜
ndefu

椅子
jooɗorde

湯
suppu

披薩餅
pissaa

餐具
wutayel

桌布
nappu

前菜

puɗɗorɗo

主菜

barme mawɗo

甜點

deseer

飲料

njarameeje

食物

ñamri

瓶子

bitel

速食

fastfuut

街邊小吃

ñaamde mbedda

茶壺

pot ataaya

糖盒

taasa suukara

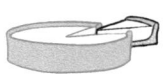

一份飯菜

geɗal

義式咖啡機

masiŋ esperesoo

高腳椅

jooɗorde toownde

帳單

faktiir

托盤

terey

刀

paaka

餐叉

fursett

勺子

kuddu

茶匙

kuddu ataaya

餐巾

torsooŋ

玻璃杯

weer

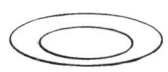

碟子
palaat

湯盤
palaat suppu

碟子
coosoowo

醬
soos

鹽瓶
pot lamɗam

胡椒研磨罐
poobaar

醋
wineegar

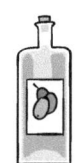

食用油
diwliin

調味料
kaaniije

番茄醬
ketsoop

芥末
mutaarde

美乃滋
maynees

超市

duggere

特價
dokkal teentungal
FOR
顧客
coodoowo
乳製品
deftel
水果
ɓingel leggal
購物車
saret

BUTCHERS

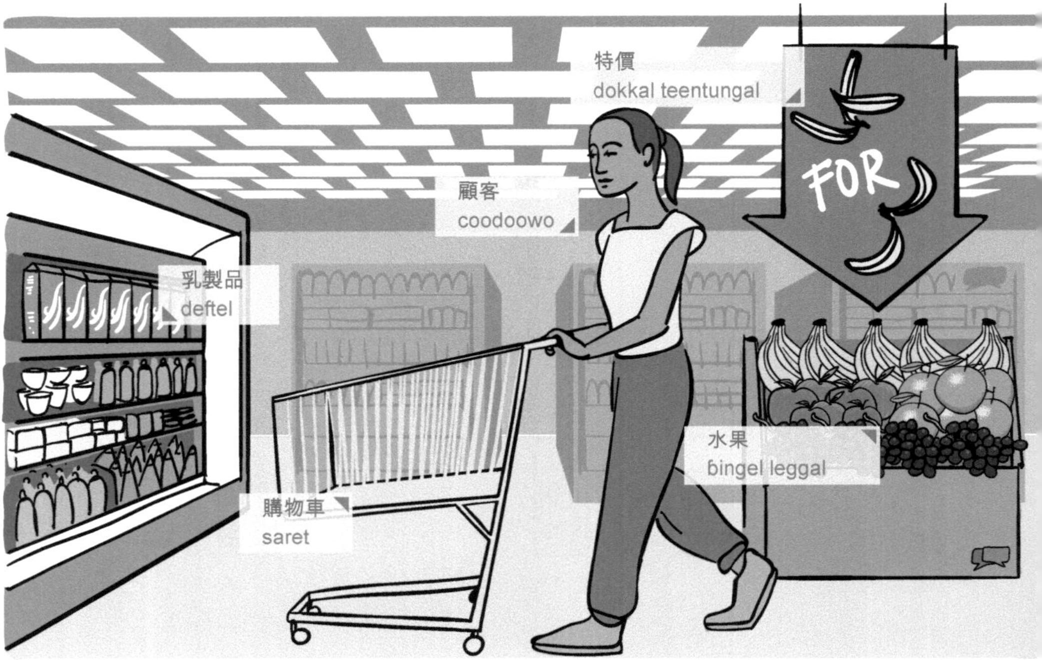

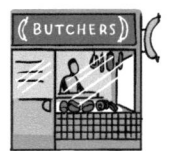

肉鋪

mo jeeyoowo teewu

BAKERY

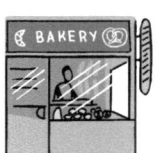

麵包店

mo piyoowo mburu

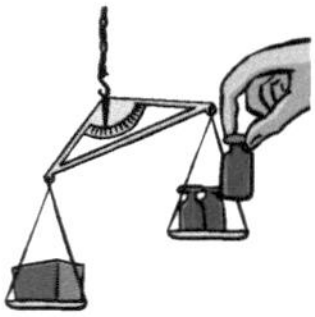

稱重

ɓett

蔬菜

ɓiɓe leɗɗe

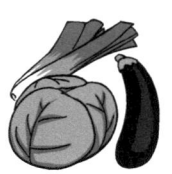

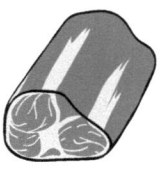

肉

teewu

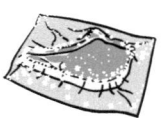

冷凍食品

ñamri fendiindi

冷盤
teewu ɓuuɓngu

罐頭食品
ñamri

洗衣粉
omo

甜食
tangaleeji

日用品
geɗe galle

清潔用品
geɗe labbinooje

銷售員
jeeyoowo

收銀機
hippoode

收銀員
ngaluyanke

購物清單
limo soodetee

開放時間
waktuuji gudditeeɗi

錢包
kalbe

信用卡
kartal keredii

袋子
saak

塑膠袋
saak dalli

水

ndiyam

果汁

sii

牛奶

kosam

可樂

Koowk

紅酒

sangara

啤酒

sangara

酒

alkol

可可

koka

茶

ataaya

咖啡

kafe

義式濃縮咖啡

esperesoo

卡布奇諾

kaputsiino

香蕉

banaana

蘋果

pomere

柳丁

oraaŋs

西瓜

dende

檸檬

limoŋ

胡蘿蔔

karott

大蒜

laac

竹子

bambuu

洋蔥

soblere

蘑菇

wiiduru gaynako

堅果

gerte

麵條

kodde

義大利麵

espaketii

米飯

maaro

沙拉

solaat

薯條

sipse

炸馬鈴薯

padaas pasnaaɗo

披薩餅

pissaa

漢堡

amburgoor

三明治

sandiis

炸豬排

tayre

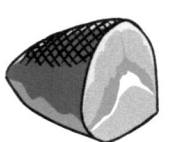

火腿

heltinde

義大利臘腸

salaami

香腸

soosiis

雞肉

gertogal

烤肉

juɗe

魚

liingu

燕麥片

karaw

木斯里

miyesli

玉米片

butaali makka

麵粉

cafka

牛角麵包

koraasaŋ

麵包捲

loocol mburu

麵包

mburu

吐司

mburu

餅乾

mbiskit

奶油

boor

凝乳

caakri

蛋糕

ngato

蛋

boofoode

煎蛋

bofoode defaaɗo

起司

formaas

冰淇淋

kerem galaas

糖

suukara

蜂蜜

njuumri

果醬

piire

巧克力醬

soosde sokola

咖哩

kiri

農場

ngesa

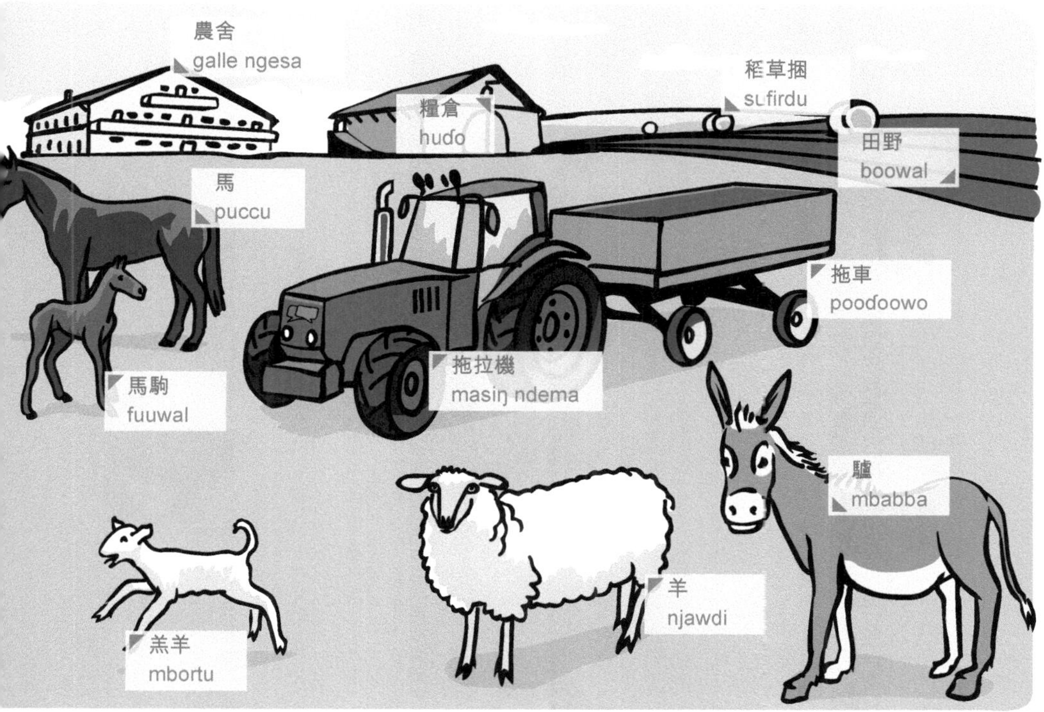

農舍
galle ngesa
糧倉
huɗo
稻草捆
sufirdu
田野
boowal
馬
puccu
拖車
pooɗoowo
拖拉機
masiŋ ndema
馬駒
fuuwal
驢
mbabba
羊
njawdi
羔羊
mbortu

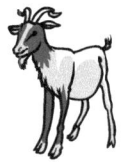

山羊

ndamndi

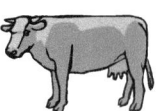

奶牛

ngaari

小牛

ñale

豬

mbaba tugal

小豬

ɓingel tugal

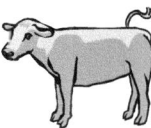

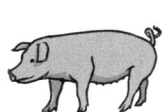

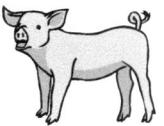

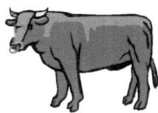

公牛

ngaari

鵝

jaawalal

鴨

jaawangal

小雞

gertogal

母雞

jarlal

公雞

ngori

鼠

doombru

貓

ulluundu

老鼠

dombru

牛

ngaari

狗

rawaandu

狗屋

suudu rawaandu

花園澆水軟管

lekki werte

澆水壺

bitel ndiyam

長柄大鐮刀

jalo

犁

jabbude

鐮刀
wafdu

鋤頭
caga

長柄草耙
furset yettirɗo

斧頭
jambere

獨輪手推車
burwett

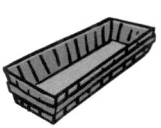

飼料槽
jardugal

牛奶罐
bitel kosam

麻布袋
bonnude

柵欄
heerorde

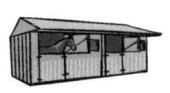

馬廄
dari

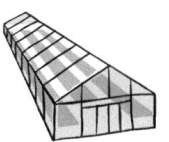

溫室
resofmaaŋ

土壤
leydi

種子
aawdi

肥料
engere

聯合收割機
rendin coñoowo

收割

soñ

收割

coñal

地瓜

ñambi

小麥

ndiyamiri

大豆

soozaa

土豆

ɔadaas

玉米

makka

油菜籽

aawdi adan

果樹

lekki ɓesnooki

樹薯

kasaawa

穀物

gawri

房子
galle

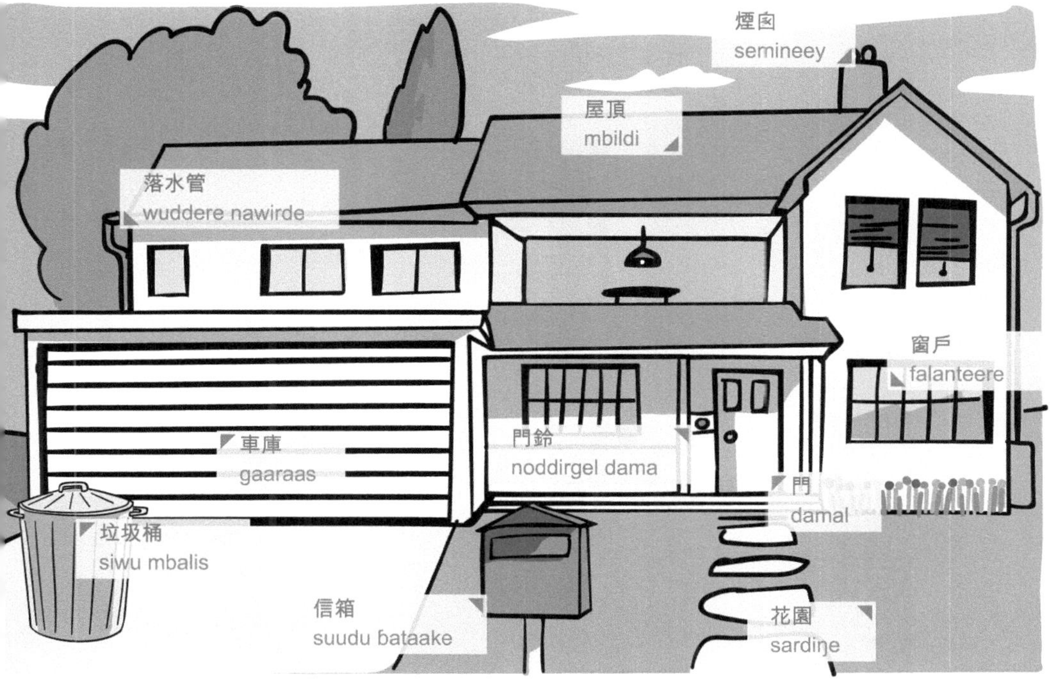
煙囪
semineey
屋頂
mbildi
落水管
wuddere nawirde
窗戶
falanteere
車庫
gaaraas
門鈴
noddirgel dama
門
damal
垃圾桶
siwu mbalis
信箱
suudu ɓataake
花園
sardiŋe

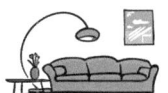

客廳
saal

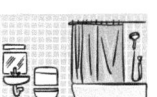

浴室
lootorde

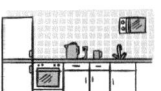

廚房
waañ

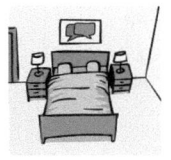

臥室
suudu lelteendu

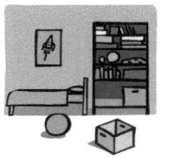

兒童房
suudu suka

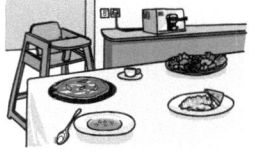

餐廳
suudu hirtordu

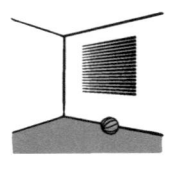

地板

leydi

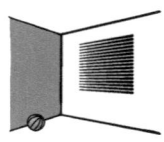

牆壁

miir

天花板

dira

地窖

masiŋel

三溫暖

soona

陽臺

balkooŋ

露臺

teeraas

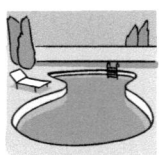

游泳池

pisin

割草機

tondoos

被單

kaayit

床罩

mbertanteeri

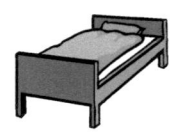

床

lelnde

掃帚

pittirɗe

水桶

siwoo

開關

waylu

客廳
saal

壁紙
foodekaraŋ
相片
nattal
檯燈
lampa
擱架
dow
櫥櫃
baye
電視
lewe
壁爐
fotekaaŋ
花
baramlefol
墊子
njegenaay
沙發
soofaa
花瓶
kaas
遙控器
komaande

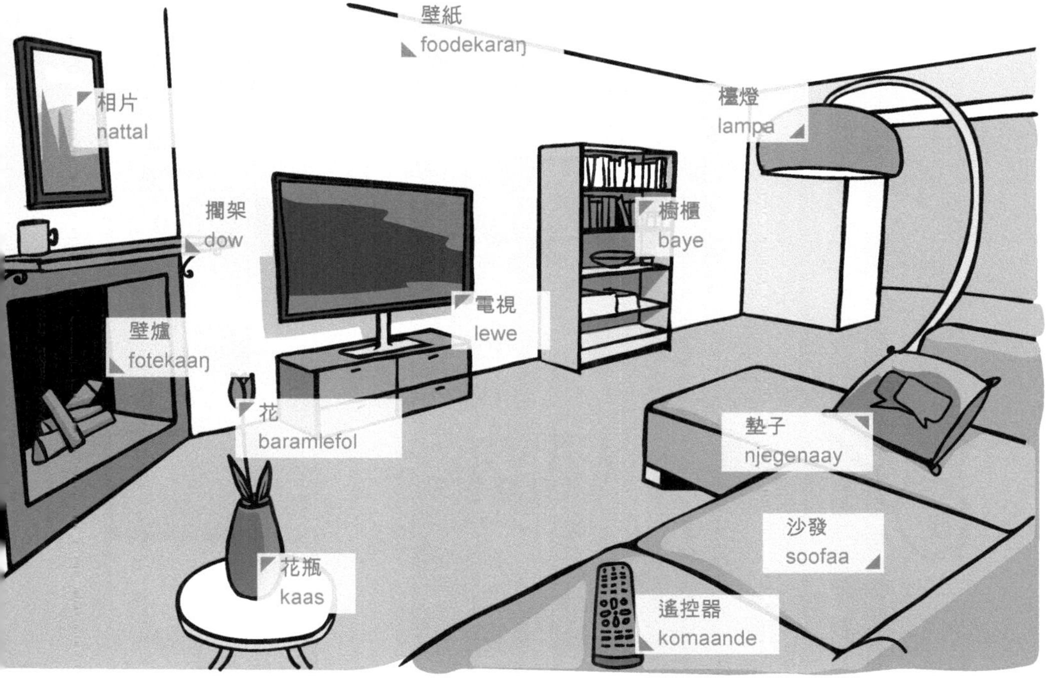

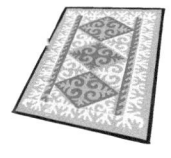

地毯
tappi

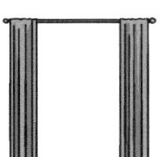

窗簾
rido

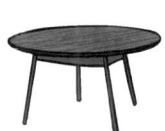

餐桌
taabal

椅子
jooɗorde

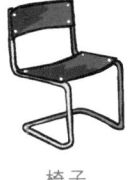

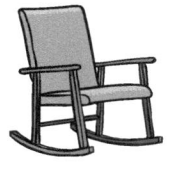

搖椅
jooɗorde timmunde

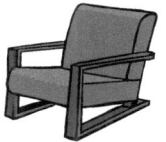

扶手椅
tuggorde

書
deftere

毯子
suddaare

裝飾品
cinki

木柴
docotal

電影
filmo

高傳真音響
kuɹtorɗe hi-fi

鑰匙
caabi

報紙
jaaynde

油畫
ɔentiirde

海報
posteer

收音機
haalirde

筆記本
deftel mooftirgel

吸塵器
ŋabbude

仙人掌
siwo lekki

蠟燭
sondel

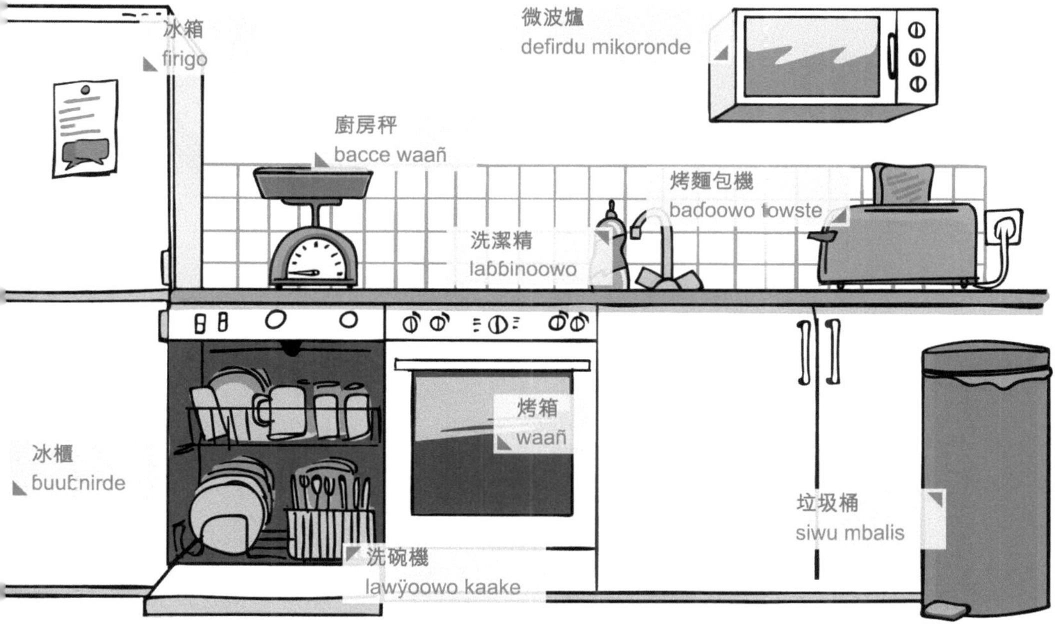

冰箱
firigo

微波爐
defirdu mikoronde

廚房秤
bacce waañ

烤麵包機
baɗoowo towste

洗潔精
labbinoowo

冰櫃
ɓuuɛnirde

烤箱
waañ

垃圾桶
siwu mbalis

洗碗機
lawŷoowo kaake

炊具

defoowo

鍋

pot

鑄鐵鍋

pot baɗɗo njamdi

炒鍋

lehel

平底鍋

lahal

水壺

baraade

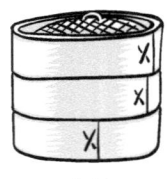

蒸鍋

gulnoowo

烤盤

fuur cumirɖo

陶瓷鍋

wiisirde

馬克杯

kaas

碗

taasa

筷子

bakett

長柄勺

heɗirde

鏟子

kuundal

攪拌器

burgal

濾網

gulnirɖo

篩子

pool

磨碎機

koosoowo

研缽

wowru

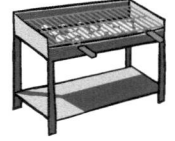

燒烤

njuɗu

明火

lewlewndu

菜板

alluwal tayirgal

擀麵杖

dullirgal

開瓶器

tenaay

罐子

potyel

開罐器

udditirɗo potyel

隔熱手套

jaggoowo pot

水槽

lawÿirde

刷子

borisde

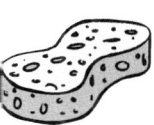

海綿

epoos

攪拌機

jiiɓoowo

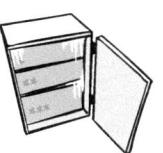

冷藏箱

firigo juutɗo

奶瓶

bitel tiggu

水龍頭

robine

浴室

lootorde

供暖裝置
wulnude
毛巾
sarbet
淋浴
ɓuftogol
浴簾
rido ɓuftorde
泡沫浴
sumbu lootorɗo
浴缸
nokku lootorɗo
玻璃杯
weer
洗衣機
masiŋ guppirɗo
瓷磚
biifi
水龍頭
robine
便壺
woppirde
水槽
lawÿirde

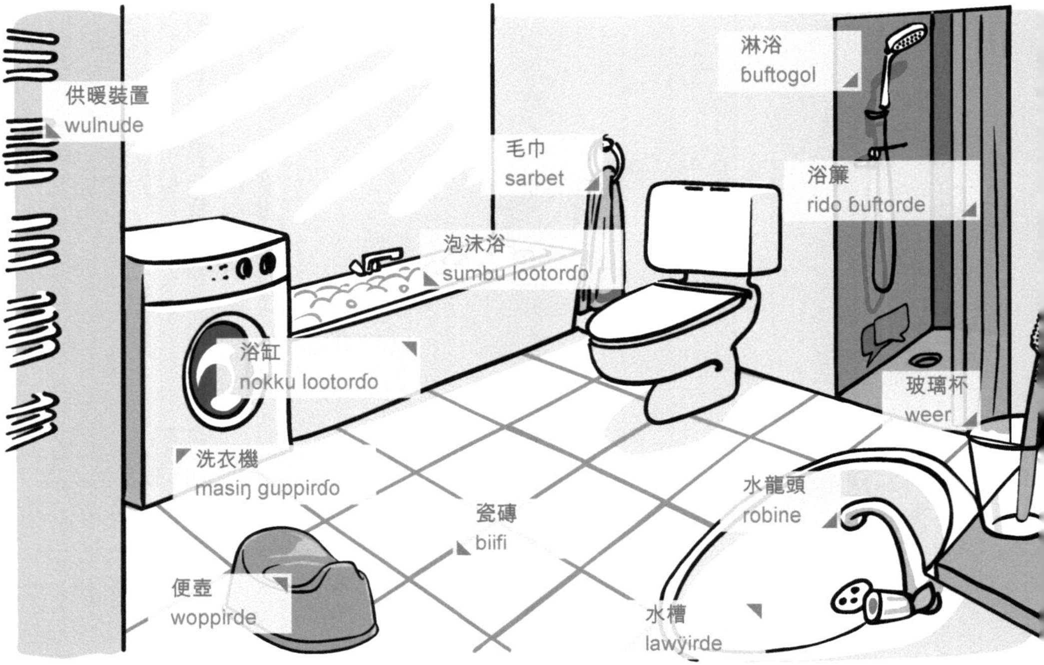

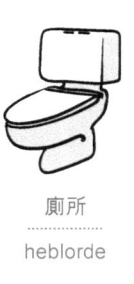

廁所

heblorde

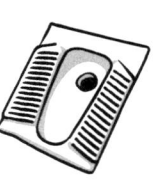

蹲便器

yaltirde les

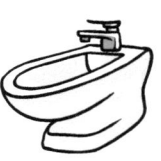

坐浴器

yaltirde

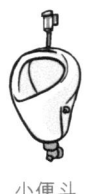

小便斗

soofirde

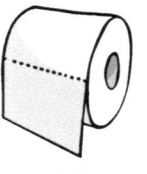

廁紙

kaayit heblorde

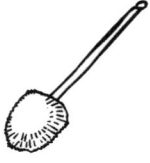

馬桶刷

boros heblorde

牙刷
boros ñiiÿe

牙膏
pat cocorđo

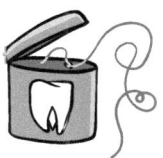

牙線
cocorgal

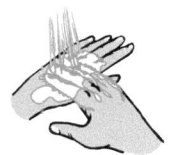

洗
lawyu

手持式蓮蓬頭
buftorde jungo

沖洗器
jampe

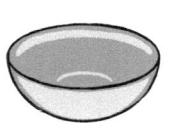

洗臉盆
taasa

洗背刷
boros keeci

肥皂
saabunde

沐浴露
nebam buftorde

洗髮乳
sampoye

法蘭絨
lootogel

排水
yupude

乳霜
mileen

除臭劑
lati

鏡子

daarogal

手鏡

daarogal jungo

刮鬍刀

rasuwaar

刮鬍泡沫

sumbu pemborɗo

鬍後水

lallitirde

梳子

koomu

刷子

boros

吹風機

yoorno hoore

噴髮定型劑

uurna hoore

化妝品

makiyaas

唇膏

lippo

指甲油

emaaye segene

化妝棉

wiro

指甲剪

sisooje segene

香水

parfooŋ

洗漱包

saawdu lawyirdu

凳子

kuudi

計重秤

bacce ɓetirde

浴袍

wutte lootorɗo

橡膠手套

kawaseeje dalli

衛生棉條

tampooŋ

衛生棉

sarbet laɓɓinoorɗo

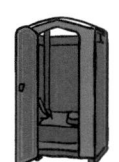

化學廁所

lootogol cellungol

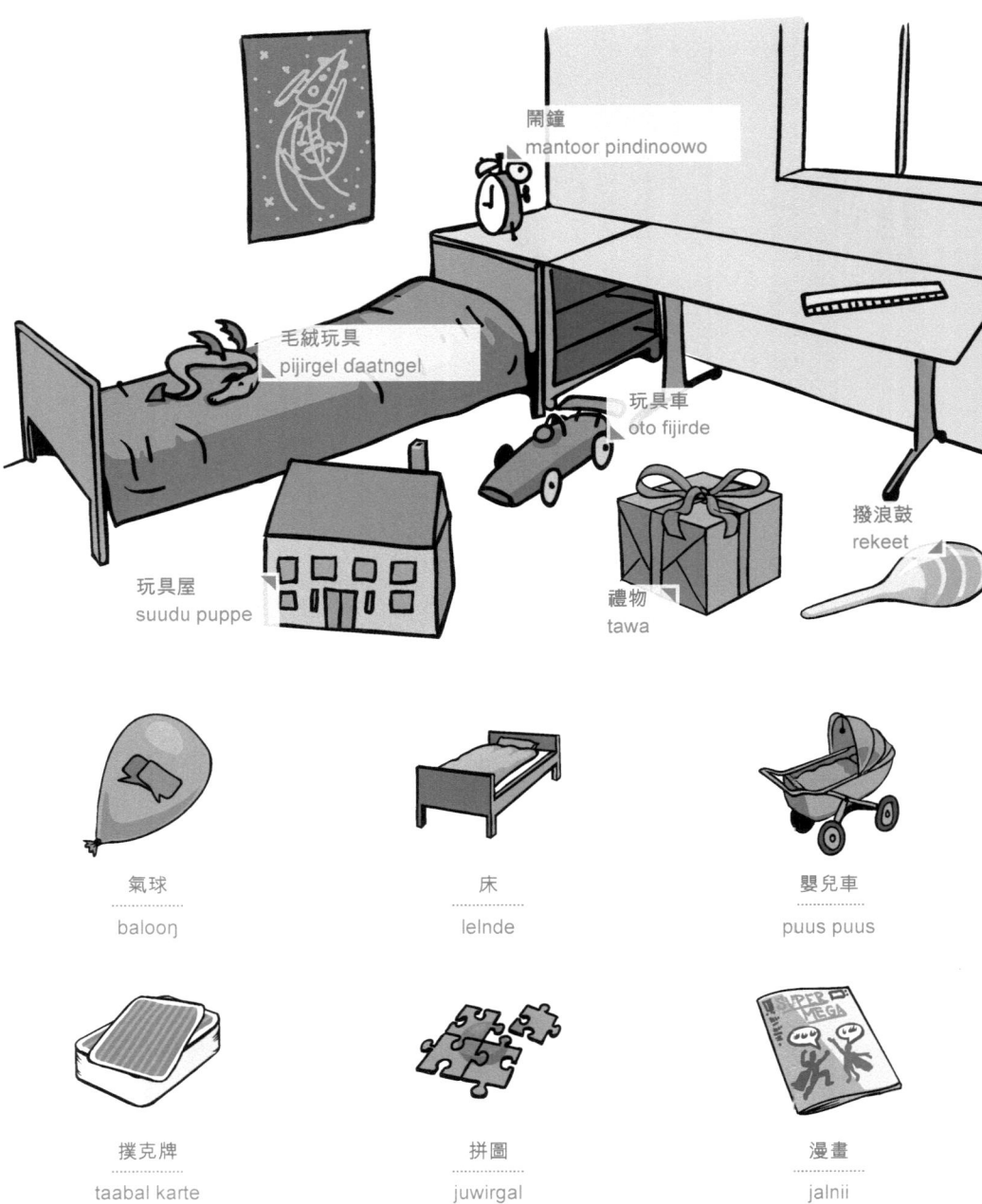

鬧鐘
mantoor pindinoowo

毛絨玩具
pijirgel ɗaatngel

玩具車
oto fijirde

撥浪鼓
rekeet

玩具屋
suudu puppe

禮物
tawa

氣球
balooŋ

床
lelnde

嬰兒車
puus puus

撲克牌
taabal karte

拼圖
juwirgal

漫畫
jalnii

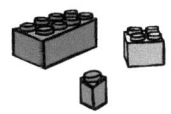

樂高積木
tuufeeje lego

積木玩具
kaaÿe maadi

公仔
pijirgel suka

嬰兒服
wutte suka

飛盤
mbiifu

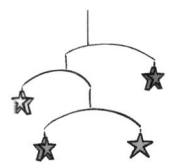

床鈴玩具
noddirgel

棋盤遊戲
fij rde alluwal

骰子
dee

火車模型
terəŋ jahiroowo batiri

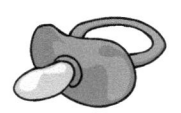

安撫奶嘴
ɗaayɗo

派對
hiirde

繪本
deftere natte

球
bal

洋娃娃
puppe

玩
fij

兒童房 - suudu suka

沙坑

ngaska leydi

鞦韆

yirlude

玩具

pijirɗe

電玩遊戲

fijirde widoo peley

三輪車

biifi tati

泰迪熊

uluundu pijirgel

衣櫃

woliis

衣服

boornogol

襪子

kawaseeje

長襪

baardinirɗi

緊身褲

dogirɗi

圍巾
muurnorde

雨傘
paraseewal

T恤
tiset

皮帶
dadorde

靴子
bataaje

拖鞋
pade joodorde

運動鞋
dogirde

涼鞋
caraax

鞋
pade

雨靴
bataaje dalli

內褲
cakkirdi

胸罩
site ŋoos

背心
weste

衣服 - boornogol   45

身體
bandu

褲子
tuuba

牛仔褲
jiin

短裙
sippu

女式襯衫
buluus

襯衫
wuttel

套頭衫
piliweer

連帽上衣
njallaaba

西裝夾克
balaseer suka

夾克
jakett

外套
sabandoor

雨衣
wutte tobo

套裝
kossim

連衣裙
robbo

婚紗
wutte cuddungu

西裝

cakkirɗo

睡袍

robbo baalduɗo

睡衣

baaluɗi

莎麗

sari

頭巾

fiilorde

包頭巾

kaala

波卡

misoor

卡夫坦

haftan

(阿拉伯式)長袍

abaaye

泳衣

lumborɗo

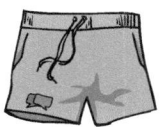

男式泳褲

leɗɗe

短褲

kilooti

運動服

dewirɗi

圍裙

aparooŋ

手套

kawase

鈕扣

nebbu

眼鏡

lone

手鏈

jawo

項鍊

cakka

戒指

feggere

耳環

hootonde

便帽

laafa

衣架

jaggirgal sabandoor

帽子

kufna

領帶

karwaat

拉鍊

korsude

安全帽

tengaade

背帶

jawe

校服

wutte janirɗo

制服

dadorɗo

圍兜
rappu suka

安撫奶嘴
ɗaayɗo

尿布
fooftini

辦公室
gollorde

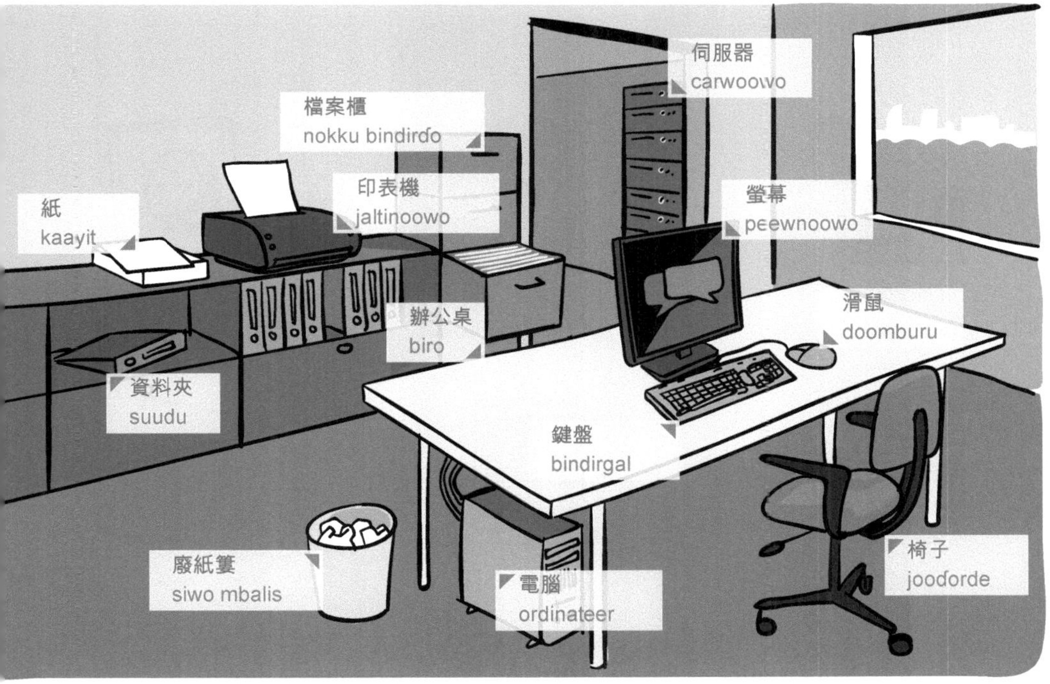

伺服器
carwoowo

檔案櫃
nokku bindirɗo

印表機
jaltinoowo

螢幕
peewnoowo

紙
kaayit

辦公桌
biro

滑鼠
doomburu

資料夾
suudu

鍵盤
bindirgal

廢紙簍
siwo mbalis

椅子
jooɗorde

電腦
ordinateer

咖啡杯
kɔppu kafe

計算機
tongirde

網際網路
enternet

筆記型電腦
ordinateer

信件
bataake kaayit

簡訊
bataake

行動電話
noddirgel

網路
jokkondiral

影印機
nandinoowo

軟體
kuutorgel

電話
noddirgel

插座
piriis

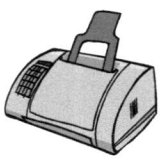

傳真機
masiŋ faksii

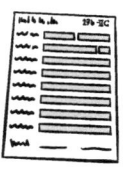

表格
sifaa

檔案
kaayit

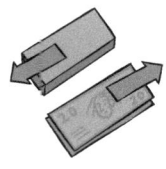

買
sood

付錢
yob

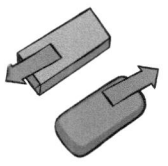

交易
yeey

現金
kaalis

USD

美元
dolaar

EUR

歐元
oro

JPY

日元
yeen

RUB

盧布
ruubal

CHF

瑞士法郎
siiwis farayse

CNY

人民幣
yuwaan renminbi

INR

盧比
ruppii

提款處
nokku ngalu

外幣兌換處

nokku beccirɗo

金

kaŋe

銀

kaalis

石油

peteroŋ

能源

doole

價格

coggu

合約

jokkondiral

稅金

lempo

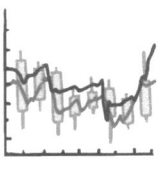

股票

jeyii

工作

liggo

職員

liggotooɗo

老闆

ligginoowo

工廠

isin

商店

yeeyirde

職業
golle

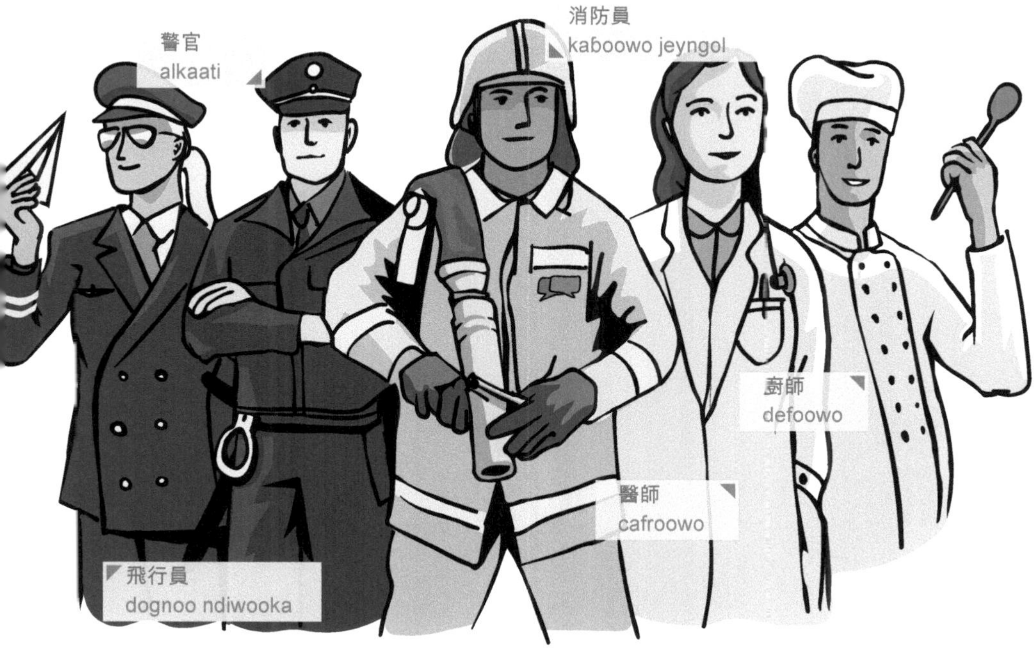

警官
alkaati
消防員
kaɓoowo jeyngol
廚師
defoowo
醫師
cafroowo
飛行員
dognoo ndiwooka

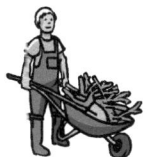

園丁
mooftoowo

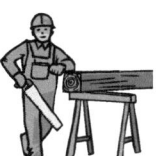

木匠
meniise

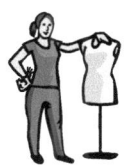

裁縫
gawoowo debbo

法官
ñaawoowo

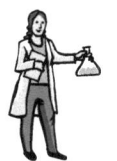

化學家
simiyanke

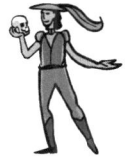

演員
aktoor

公車司機

diirnoowo biis

計程車司機

diirnoowo taksi

漁夫

gawoowo

清洗女工

debbo pittoowo

屋頂工

biloowo

服務生

carwoowo

獵人

baañoowo

畫家

diidoowo

麵包師

piyoo mburu

電工

peewnoo jeyngol

建築工人

mahoowo

工程師

eseñoor

屠夫

buusee

水管工

polombiyee

郵差

neɗɗo posto

士兵
soldaat

建築師
arsitekte

收銀員
ngaluyanke

花農
leɗɗeyanke

理髮師
mooroowo

售票員
diirnoowo

機械技師
pee ɹoowo jamɗe

船長
gardiiɗo

牙醫
safroowo ñiiÿe

科學家
gando

拉比
babbiin

伊瑪目
almaami

和尚
muwaan

牧師
neɗɗo alla

工具
kuutorɗe

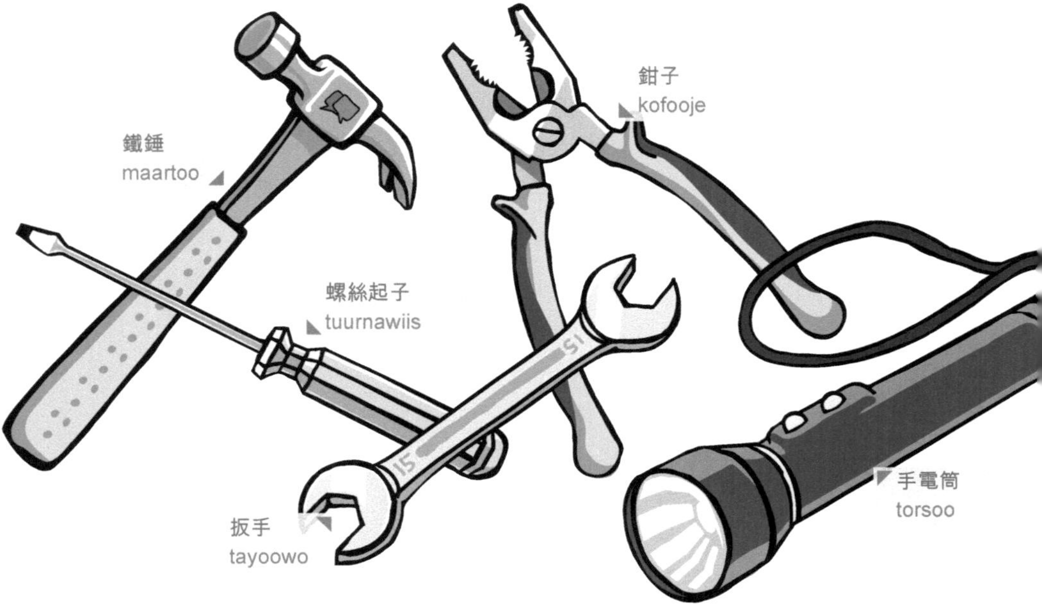
鐵錘
maartoo
鉗子
kofooje
螺絲起子
tuurnawiis
扳手
tayoowo
手電筒
torsoo

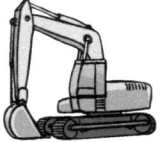

挖掘機

ngasirdi

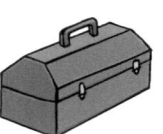

工具箱

suudu kuutorɗe

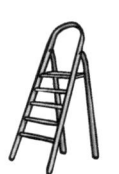

梯子

seel

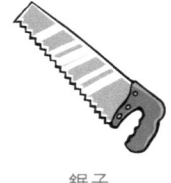

鋸子

siiy

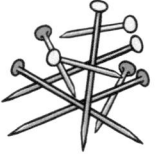

釘子

pontooje

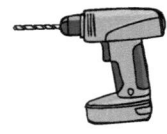

鑽機

yuwirde

修
feewnit

鏟子
nokkirde

糟糕！
sooot

畚箕
peel

油漆桶
pot diidirɗo

螺絲
wiisuuji

樂器

pijirɗe

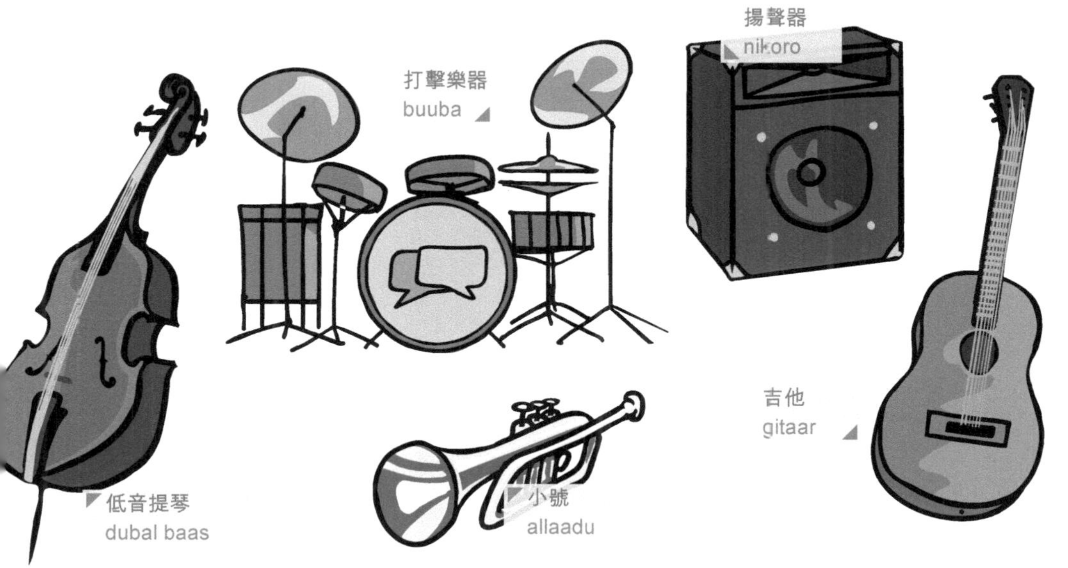

打擊樂器
buuba ◢

揚聲器
nikoro

吉他
gitaar ◢

低音提琴
dubal baas

小號
allaadu

鋼琴

piyaano

小提琴

ñaañooru

貝斯

baas

定音鼓

timpaan

鼓

bawɗi

電子琴

bindirgal

薩克斯風

saksofooŋ

長笛

coolumbel

麥克風

haaldude

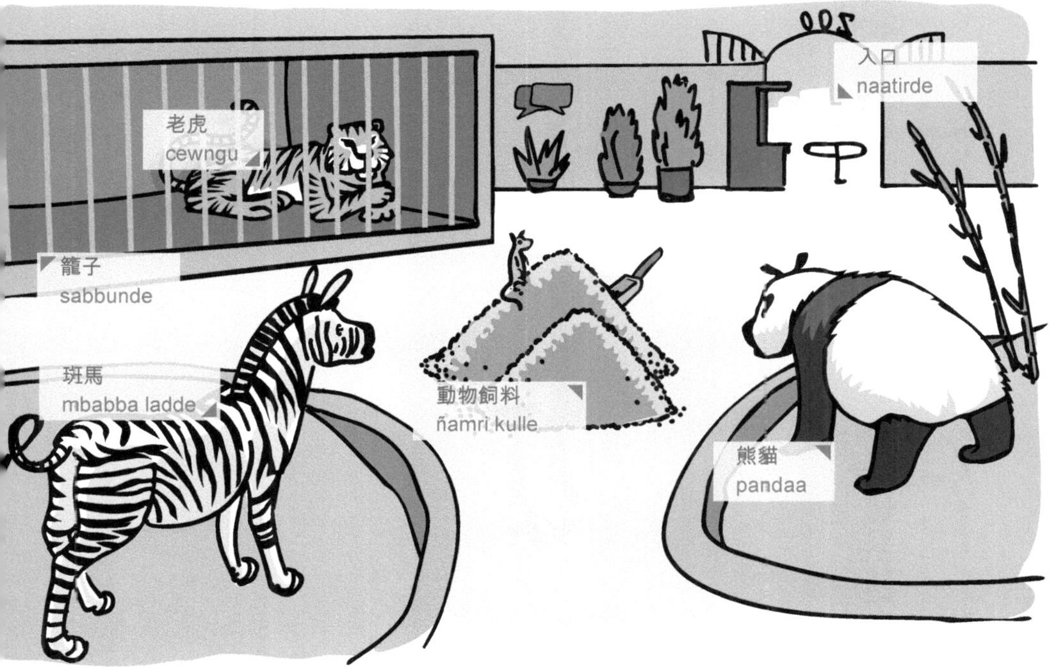
zoo
入口
naatirde
老虎
cewngu
籠子
sabbunde
斑馬
mbabba ladde
動物飼料
ñamri kulle
熊貓
pandaa

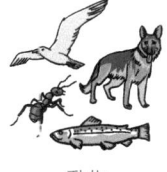

動物
kulle

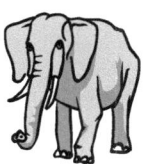

大象
ñiiwa

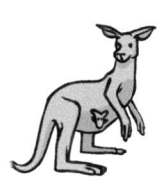

袋鼠
kanguruu

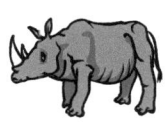

犀牛
liwoongu

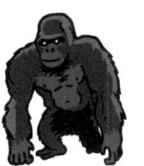

大猩猩
waandu

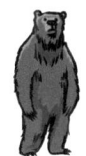

熊
fowru

駱駝

ngelooba

鴕鳥

jaawagal

獅子

mbaroodi

猴子

golo

紅鶴

ñaarpural

鸚鵡

seku

北極熊

fowru nees

企鵝

peŋwee

鯊魚

reke

孔雀

ngoriyal

蛇

mboddi

鱷魚

nooro

動物園管理員

deenoowo kulle

海豹

liingu

美洲豹

cewngu

矮種馬

molel puccu

豹

cewlu

河馬

ngabu

長頸鹿

ñamala

老鷹

ciilal

野豬

fowru

魚

liingu

龜

heende

海象

morsee

狐狸

daga

羚羊

lella

橄欖球
fugu koyngel Amarik

騎腳踏車
welo

網球
teniis

籃球
basket

游泳
lumbaade

拳擊
bokse

冰球
okey e galaas

美式足球
fugu koyngel

羽毛球
badminton

田徑
dogduuji

手球
fugu jungo

滑雪
eskiiy

馬球
polo

跳
diw

擁抱
uurno

笑
jal

走路
yah

唱
yim

祈禱
juul

親吻
ɓuuco

做夢
hoyɗu

書寫
windu

畫
diid

展示
hollu

推
duň

給
rokku

拿
naw

有
jogo

做
waɗ

當
won

站
daro

跑
dog

拉
ittu

丟
weddo

摔倒
yan

躺
fen

等待
fad

攜帶
naw

坐
jooɗo

穿衣
ɓoorno

睡覺
ɗaano

醒來
finn

看
ndaar

哭
woy

擊
fiiy

梳頭
koomu

交談
haal

明白
faam

問
naamdo

聽
hetto

喝
yar

吃
ñaam

清理
haɓɓu

愛
yiɗ

做飯
def

開車
diirnu

飛
diw

航行

awyu

計算

lim

讀

jangu

學習

jangu

工作

liggo

結婚

res

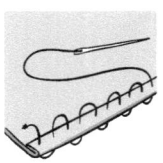

縫

aaw

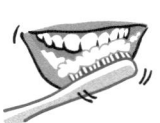

刷牙

boris ñiiÿe

殺

war

抽菸

simmo

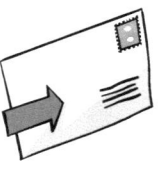

寄

neldu

家

ɓesngu

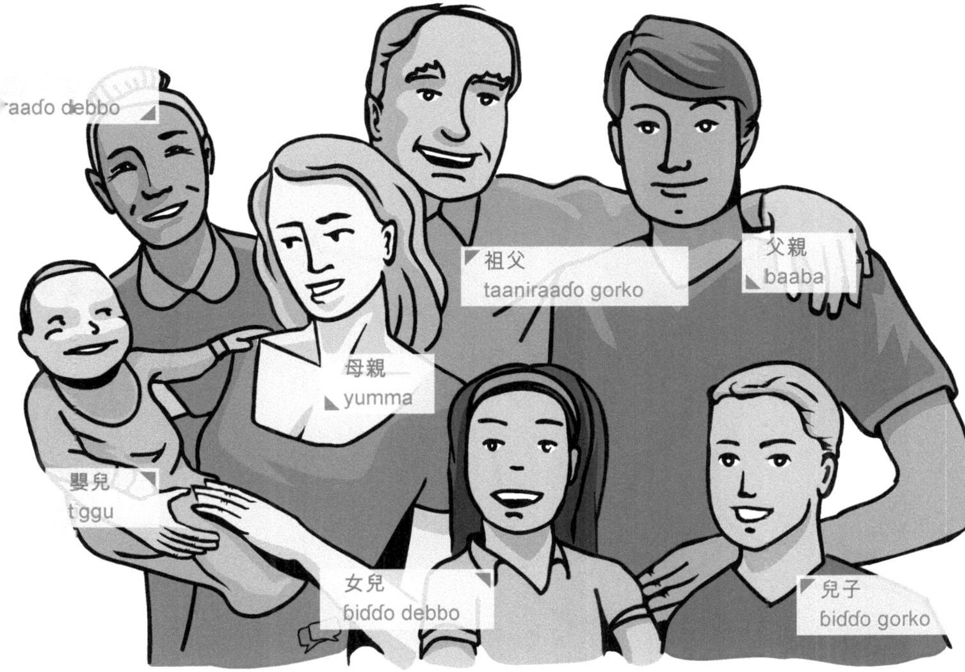

raaɗo debbo
祖父
taaniraaɗo gorko
父親
baaba
母親
yumma
嬰兒
t ggu
女兒
ɓiɗɗo debbo
兒子
ɓiɗɗo gorko

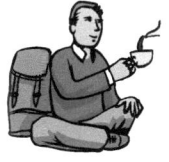

客人

koɗo

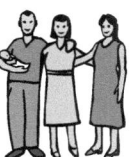

阿姨

gogo

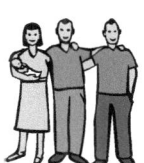

叔叔

kaawiraaɗo

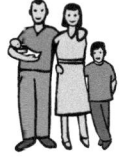

兄弟

mawniraaɗo gorko

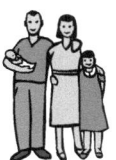

姐妹

mawniraaɗo debbo

身體

ɓandu

前額
tiinde
眼睛
yitere
肩膀
walabo
手指
feɗeendu
臉
yeeso
下巴
waare
手
jungo
腿
korlal
乳房
endu
手臂
jungo

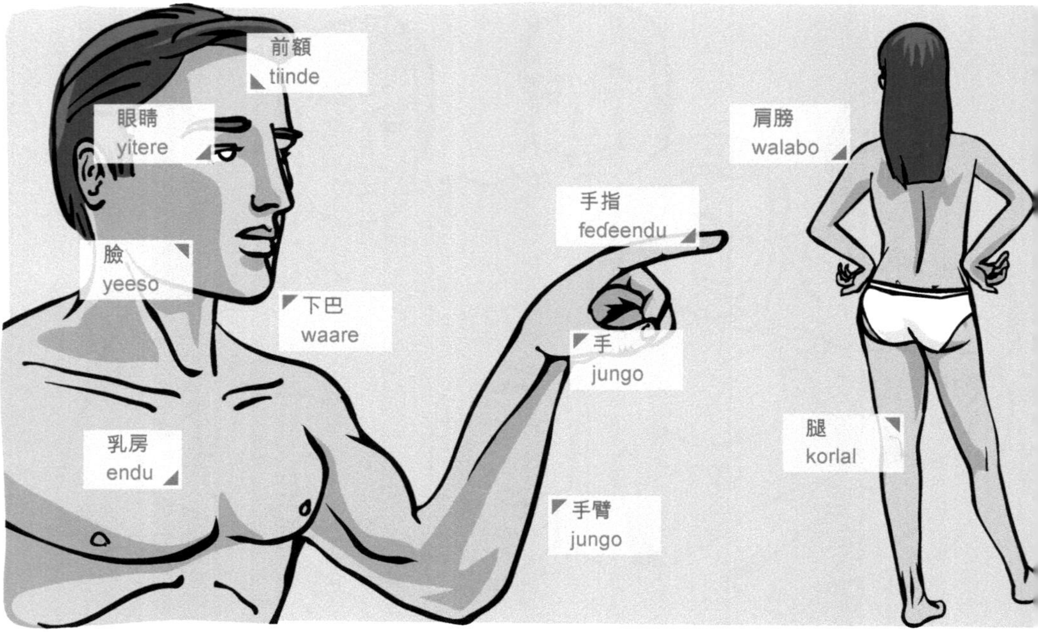

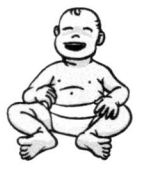

嬰兒

tiggu

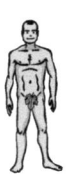

男人

gorko

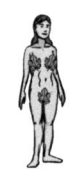

女人

debbo

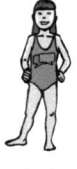

女孩

debbo

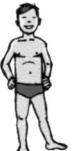

男孩

gorko

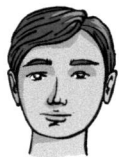

頭

hoore

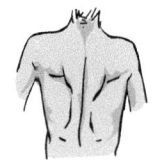

背部

keeci

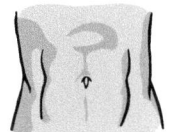

肚子

reedu

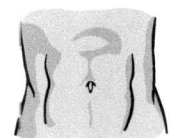

肚臍

wudduru

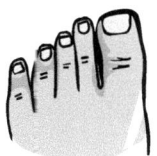

腳趾

ˊeɗeendu

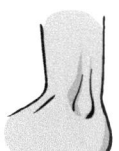

腳後跟

njaaɓordi

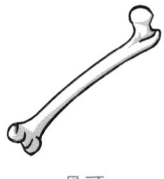

骨頭

ŷiyal

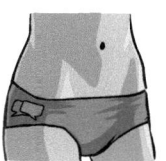

臀部

buhal

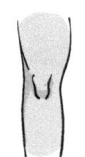

膝蓋

hofru

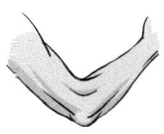

手肘

fooŋturu

鼻子

hinere

屁股

gaɗa

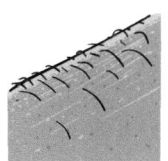

皮膚

nguru

臉頰

aɓɓuko

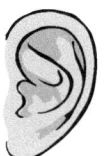

耳朵

nofru

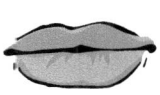

嘴唇

tondu

嘴

hunuko

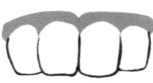

牙齒

ñiire

舌頭

ɗemngal

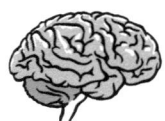

腦

ngaandi

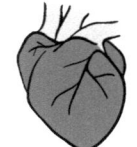

心臟

bernde

肌肉

ÿiye

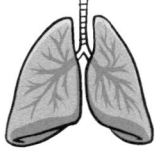

肺

jofe

肝臟

heeñere

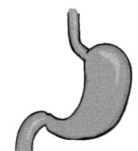

胃

kuuse

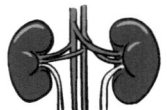

腎臟

booÿe

性交

leldaade

保險套

kawasal

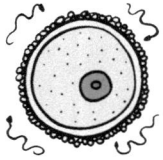

卵子

ɓoccoonde

精子

maniiyu

懷孕

cowagol

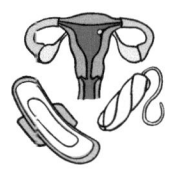

月事

ella

陰道

kottu

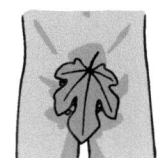

陰莖

soolde

眉毛

leebol yitere

頭髮

sukundu

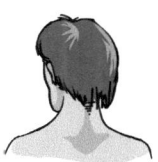

脖子

daande

醫院

safrirdu

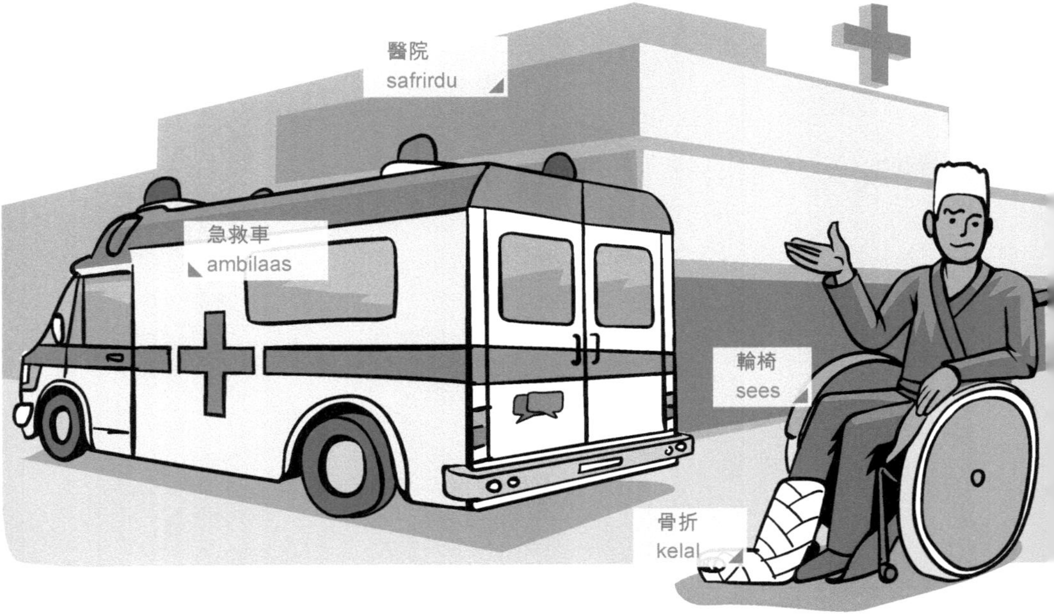

醫院
safrirdu
急救車
ambilaas
輪椅
sees
骨折
kelal

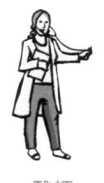

醫師

cafroowo

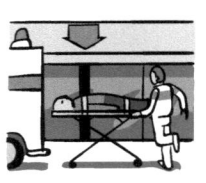

急診室

suudu heñaare

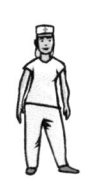

護理師

debbo cafroowo

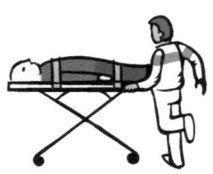

緊急情形

heñorde

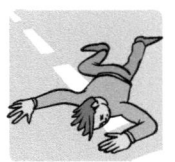

昏迷

wondaane hakkile

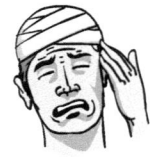

痛

muuseeki

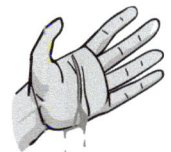

受傷

gaañande

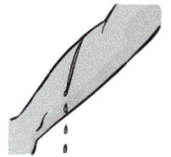

出血

tuɗɗe ÿiiÿam

心臟病發作

muuseeki ɓernde

中風

piigol

過敏

nefo

咳嗽

ɗojjude

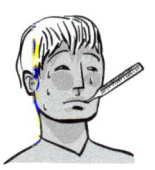

發燒

bandu wulooru

流感

pali

腹瀉

ndogu reedu

頭痛

hoo-e muusoore

癌症

kaaseer

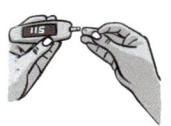

糖尿病

jabett

外科醫師

cppiroowo

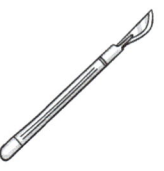

手術刀

jaggirdi

手術

oppeere

電腦斷層掃描
CT

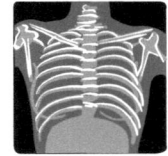

X光
buuɗi x

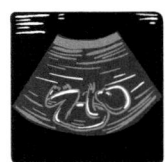

超音波
iltarasooŋ

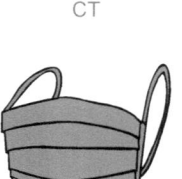

口罩
huurirdu yeeso

疾病
rafi

候診室
heblorde

拐杖
beeke

石膏
tabak

繃帶
bandaas

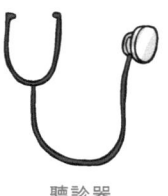

注射
pinggu

聽診器
estetoskop

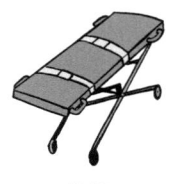

擔架
pooɗoowo

體溫計
termomeeter safrirdu

出生
jibinande

超重
ɓuttiɗgol

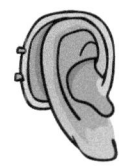

助聽器

ballal nanirɗe

消毒液

labɓinoowo

感染

raaɓo

病毒

wiriis

愛滋病

SIDAA

藥物

lekki

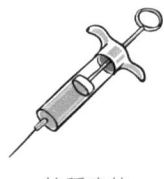

接種疫苗

ñakko

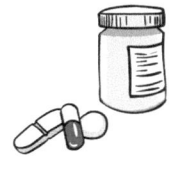

藥片

poɗɗe

藥丸

foɗɗere

急救電話

noddaango heñiingo

血壓計

ÿeewtorde yaadu ÿiiyam

生病/健康

faawŋi / selli

救命！

Ballal

警報

pindinoowo

突擊

njangu

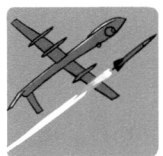

攻擊

raaŋande

危險

boomre

緊急出口

yaltirde yaawnde

失火了！

Jeyngol

滅火器

ñifoowo jeyngol

意外

aksida

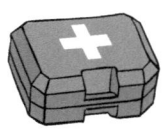

急救箱

saawdu safaara gadano

呼救訊號

SOS

員警

poliis

歐洲

Orop

北美洲

Amarik Rewo

南美洲

Amarik Worgo

非洲

Afirik

亞洲

Aasi

澳洲

Ostaraali

大西洋

Atalantik

太平洋

Pasifik

印度洋

Maayo Endo

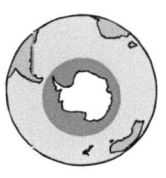

南冰洋

Maayo Antarkatik

北冰洋

Maayo Arkatik

北極

Baŋe Rewo

南極

Baŋe Worgo

南極洲

Antarkatik

地球

Leydi

陸地

leydi

海

maayo

島

siire

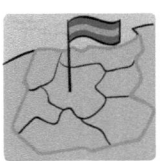

國家

wuro

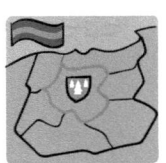

州

laamu

錶盤

yeeso waktu

時針

jungo waktu

分針

jungo hojoma

秒針

jungo majaango

現在幾點？

hol waktu?

天

ñalawma

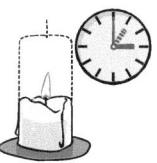

時間

saha

現在

jooni

電子錶

mantoor nattoowo

分

hojoma

時

waktu

週

yontere

週一 Altine

週三 Alarba

週五 Aljumaa

週二 Talaata

週四 Alkamiisa

週六 Aset

週日 Alet

昨天
hanki

今天
hande

明天
jango

早晨
subaka

中午
ñalawma

晚上
kikiiɗe

工作日
biir

週末
ñalɗi

年

hitaande

雨
tobo
彩虹
timtimol
風
hendu
雪
nees
春
demminaare
秋
ndunngu
夏
ceeɗu
冬
dabbunde

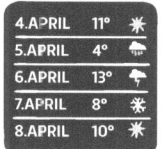

4.APRIL 11°
5.APRIL 4°
6.APRIL 13°
7.APRIL 8°
8.APRIL 10°

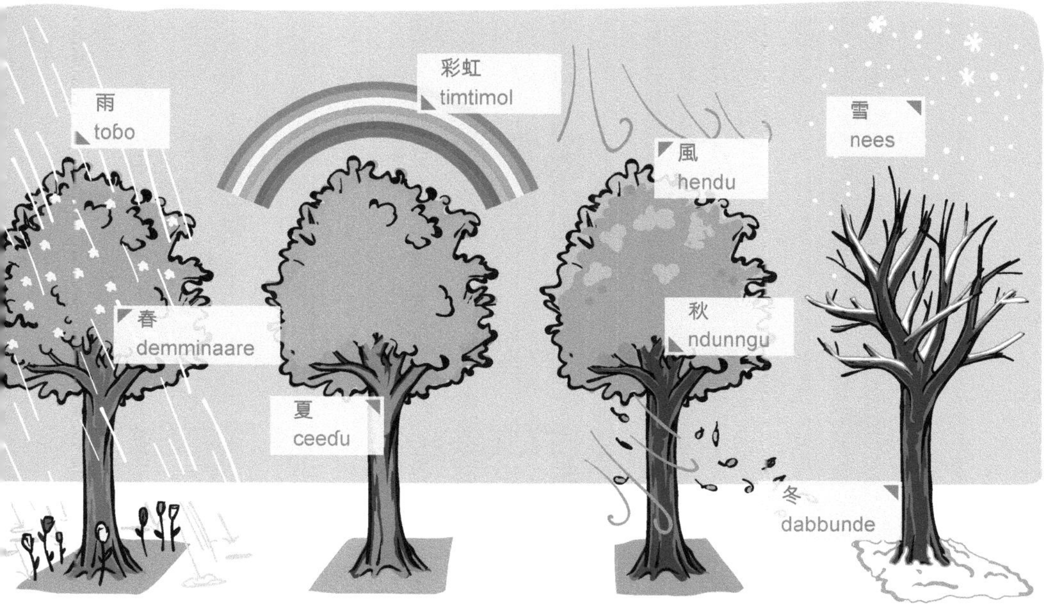

天氣預告

kabaaru weeyo

F
C
120
90
60
30
0
-30
40
30
20
10
0
-10
-20

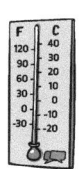

溫度計

termomeeter

陽光

naaŋini

雲

ruulde

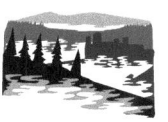

霧

cuurki

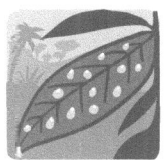

潮濕

uddeende

閃電

majje

打雷

gidaango

風暴

hendu

冰雹

huɗɗini

季風

ruulɗini

洪水

waame

冰

nees

一月

Siilo

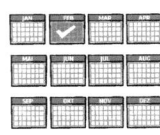

二月

Colte

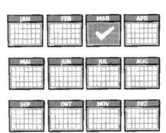

三月

Mbooy

四月

Seeɗto

五月

Duuyal

六月

Korse

七月

Morse

八月

Juko

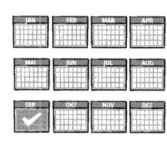

九月
Siilto

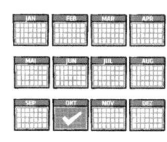

十月
Yarkoma

十一月
Jolal

十二月
Bowte

形狀
balli

圓形
taarto

正方形
yaajeendi

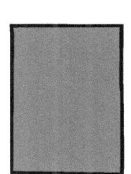

長方形
yaajo

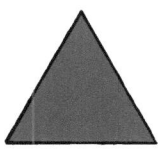

三角形
saraandi

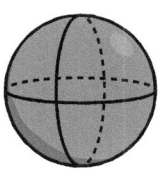

球體
mbiifu

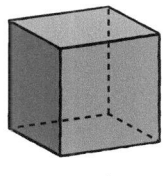

立方體
kiibb

白
daneejo

黃
oolo

橙
oraas

粉
roos

紅
boɗeejo

紫
mboongu

藍
bulaajo

綠
werte

棕
cooyo

灰
puro

黑
baleejo

很多/少許

heewi / seeɗa

生氣/平靜

seki / deeyi

美/醜

yooɗi / soofi

首/尾

fuuɗɔrde / gasirde

大/小

mawɗo / tokooso

明/暗

leeri / niɓɓiɗi

兄弟/姐妹

manirɛaɗo / miñiraaɗo

乾淨/骯髒

laaɓi / tunwi

完整/缺失

timmi / manki

白天/晚上

ñalɛwma / jamma

死/生

maayi / wuuri

寬/窄

yaaji / faaɗi

可食用/非食用

nano / nanotaako

邪惡/善良

boni / moÿÿi

興奮/無聊

softi / yoomi

胖/瘦

ɓuttiɗi / sewi

第一/最後

adi / wattindi

朋友/敵人

sehil / gaño

滿/空

heewi / ɓolɗi

硬/軟

muusi / weeɓi

重/輕

teddi / hoyi

餓/渴

heege / ɗomka

生病/健康

faawŋi / selli

非法/合法

wona laawol / laawol

聰明/愚笨

feerti / muddiɗi

左/右

nano / ñaamo

近/遠

ɓatti / woɗɗi

新/舊

 kɛso / kiiɗɗo

沒有/有些

ndiga / huunde

老/幼

hayeejo / suka

開/關

huɓɓi / ñifii

打開/闔上

uditi / uddii

安靜/吵鬧

deeẙi / dille

富/窮

alɗi / waasi

對/錯

goonga / fenaande

粗糙/光滑

tiiɗi / nooyi

傷心/高興

netti / weli

短/長

raɓɓiɗi / juuti

慢/快

leeli / yaawi

濕/乾

leppi / yoori

溫暖/涼爽

wuli / ɓuuɓi

戰爭/和平

hare / jam

0

零

ndiga

1

一

gooto

2

二

điđi

3

三

tati

4

四

nay

5

五

joy

6

六

jeegom

7

七

jeeđiđi

8

八

jeetati

9

九

jeenay

10

十

sappo

11

十一

sappoy goo

12
十二
sappoy điđi

13
十三
sappoy tati

14
十四
sappoy nay

15
十五
sappoy joy

16
十六
sappoy jeegom

17
十七
sappoy jeeđiđi

18
十八
sappoy jeetati

19
十九
sappoy jeenay

20
二十
noogaas

100
百
teemedere

1.000
千
ujunere

1.000.000
百萬
miliyooŋ

英語

Aŋale

美式英語

Aŋale Amarik

普通話

Mandare Siinaaɓe

印地語

Hindi

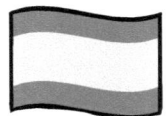

西班牙語

Españool

法語

Farayse

阿拉伯語

Arab

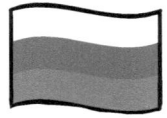

俄語

Riis

葡萄牙語

Portigees

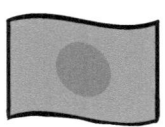

孟加拉語

Bengali

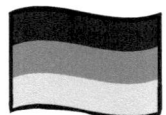

德語

Almaa

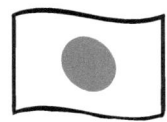

日語

Sapponee

我

miin

你

an

他/她/它

kan‹o / kanko / kanum

我們

minen

你們

onon

他們

kamɓe

誰？

holoon?

什麼？

holɗuum?

如何？

holnoon?

何處？

holtoon?

何時？

mande?

名字

inde

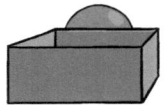

後面

caggal

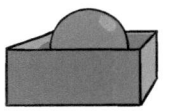

裡面

nder

前面

sawndo

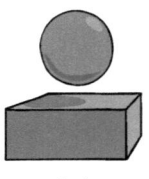

上方

dow

上面

e

下麵

les

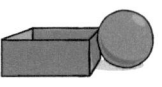

旁邊

sara

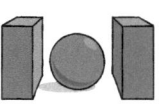

中間

hakkunde

地點

nokku